„sprich nur ein wort,
so wird meine seele gesund"
(Matthäus 8:8)

Jo Schäfer [Hrsg.]

**menschen, leben
wirr und wahr**

Bibliografische Information
der Deutschen Nationalbibliothek:
Die Deutsche Nationalbibliothek verzeichnet diese Publikation
in der Deutschen Nationalbibliografie; detaillierte bibliografische
Daten sind im Internet über http://dnb.dnb.de abrufbar.

kein © 2017
Herausgeber: Jo Schäfer

Gestaltung: Jo Schäfer
Umschlagfoto: Sylka Kramer
Herstellung, Verlag: BoD – Books on Demand, Norderstedt
ISBN: 978-3-7431-8155-7

einstimmig

meisterspruch 11

zwischentöne

menschsein 15
vom nicht-herbei-denkbaren 16
bis an den rand 18
weisendes blühen 19
schutz geben 20
klare sicht 21
unbedenklich 22
die des tags nicht sehen 23
das kind 24
meinungsmache 25
ent-zwei 26
zweifel 27
entzweifel 28
tränen zeigen den weg 29
wermut, salz und gegenwart 30
schwarzes loch 31
auschwitz 32
bücherverbrennung 33
wissen wollen 34
krieg und frieden 35
der baum 36
auf der brücke meines schiffes... 37
ein wort nur 38

es gibt keine zeit   39
weise suchte ich   40
seelengefäß   42
weil ich geboren bin   43
weinen sagt der wein   44
lebensenergie   45
niemals mir mein gast   46
trilogie   48
im verborgenen   49
tränenlos   50
mantel aus blei   51
zwischen den welten   52
mitternachtsstunden   54
ein mensch sein   55
der mensch   56
totenruhe   57
mit dem älterwerden   58
der schmerz   59
bitterklang   60
dohlen und rabenvölker   61
zeitungen   62
den hingeflosssenen   63
zart geht der abend   64
die eine rose   65
lebensund   66
weisheit des alters   67
unvollkommen   68
geliebt   69
wetterfühligkeit   70
nachsicht üben   71

im neben   72
gras und fragen   74
tränen fließen lassen   75
alter mann der straße   76
wunden der vergangenheit   78
für eine ewigkeit   80
auf das geheimnis der seele   81
in flammen   82
noch koste ich dein wort   83
dein flammendes meer   84
du   85
wenn du den tag beginnst   86
ein same   87
fliege   88
flügel ausbreiten für dich   89
in der nacht   90
ein farbeiges zuhause   91
in allem die liebe   92
raum geben   93
ein grund   94
ein licht   95
licht im herzen   96

vielstimmig

ein freund   99

dank
hannelore hubert, friederike becker,
tama nowack, bruni pohl, micha landauer,
inga bendiks, monika böhme, beate wand

einstimmig

meisterspruch

die kleine katze sagt:
alt sein ist weise
alt zu werden ist nicht klug
jung zu sterben ist klüger
und nicht weise.

zwischentöne

menschsein

mach ein lied aus gesang
wenn dir nach singen ist

mach ein bild aus lachen
wenn dir nach farben ist

mach ein fenster aus regen
wenn dir nach weinen ist

mach ein herz aus türen
wenn dir nach atmen ist

wenn dir nach leben ist
tanze und schreie

und lebe die worte, die tränen
die sprünge und schmerzen

die das menschsein
menschlich machen.

vom nicht-herbei-denkbaren

du baust einen tempel, eine kirche, ein bild
du baust einen glockenturm und auch ein schild

du hoffst auf erlösung, befreiung von dort
für das hier, wo du lebst, du hoffst auf ein wort

was willst du finden, wenn du baust und baust
wenn du nach außen, statt nach innen schaust

was glaubst du zu hören, ohne ein ohr
das dem herzen sich öffnet, weit wie ein tor

was willst du sehen, verstehen, begreifen
ohne dich erst einmal abzuseifen

befrei dich von dem, was das hören verwehrt
was noch immer die äußeren bilder verehrt

erlöse dich selbst, von dem glauben zu wissen
übe, die weiße fahne zu hissen

schule das hören, das sehen, das schauen
beginne, der inneren quelle zu trauen

anstatt der antennen und satelliten
nutze die kraft der eremiten

wasche dich gründlich von allen gedanken
konzepten, visionen, grenzen und schranken

folge dem atem, wie er kommt und geht
wie er leise, ganz leise von selber entsteht

folge der quelle, dem ursprung von leben
übe dich, ganz dieser hinzugeben

sei tempel, kapelle und kerzenlicht
sei das, was du suchst, sei angesicht

bleibe erinnerung, bleibe im sturm
werd' zum gebet und zum glockenturm

lebe den frieden, das gütige sein
lebe dich ganz in das hören hinein

und wenn eines tages das göttliche blüht
ohne bild, ohne geist und ohne gemüt

verschenk dies geheimnis und gibt es so preis
wie es kommt: ganz leis, ganz leis.

bis an den rand

dass deinen weg
du gehen lernst
dein feuer zu entfachen

durch dunkelheit hindurch
mit funken von geduld
die glut zu schüren

dass dein weg sich dir
weiter öffne, als nur
bis an den rand der tiefe.

weisendes blühen

gehe weit, weit, weit
bis zum meeresrand

laufe hinauf und hinauf
bis zum höchsten gipfel

schaue den horizont
und öffne die augen

dort, wo himmel und weite
nicht nur das herz atmen lassen

sondern auch die weisheit
zum blühen und klingen bringen

laufe weit
und gehe hinauf

erklinge und bringe
das weisere blühen.

schutz geben

vielleicht
ist die einzige pflicht
im leben

das zu beschützen
was wortlos wartet
als wahrheit

gestalt zu finden
in diesem einen
menschenleben

so höre, staune
lausche, atme
und schütze

das ungesagte
bis es von selbst
gestalt annimmt

und sich zeigt
als wahrheit
des einen menschseins.

klare sicht

wenn sich das sehen einstellt
ist auch das teilen vonnöten

das mitteilen des klaren
ohne horizont und linie

frei von allen bedenken
allem unbedachten, bedachten

nur den weiten himmel
in den herzensaugen

ist das geschaute
offen zu zeigen.

unbedenklich

auf das herz hören
kann jeder mensch

es ist die natürliche gabe
von geburt an

die unschuld des kindes
atmet das leben

und verdenkt sich
die sprache des herzens nicht

erst wenn das denken
geschult und gefordert

das leben nicht mehr lebt
sondern denkt

und das herz verdächtigt
statt seiner weisheit zu lauschen

braucht es erneut
das reine hören

auf das, was das herz
unbedacht zu sagen hat.

die des tags nicht sehen

die des tags nicht sehen
mit gesunden augen
irren vergeblich

die des nachts nicht sehen
tasten nach dem herz
am falschen fleck

durchnächtigt, von schwärze
umhüllt, schlägt es nicht
mehr wie bei jenen

die des nachts nicht sehen
mit ihren augen
und dennoch sehen

wie von geburt an blinde
das licht stärker schauen
das in ihren herzen brennt.

das kind

versunken das kind in das spiel
versunken ich das kind in das spiel

versunken wir beide
versunken im regen wir beide

im spiel versunken wir beide
das kind und ich und in mir das kind

strömender regen versinkt uns nimmer.

meinungsmache

meinungen werden
gemacht

meist nicht überdacht
übernommen

und verschwommen
zeigen sie nichts

des wahrhaftigen lichts
der einen quelle

fluten als welle
nur die gedanken

mit grenzen und schranken
und vererben

das einsame sterben
im werden.

ent-zwei

zwei-fel
ent-zweien
das eine

herz

ver-zwei-felt
zwei-feln
sie das lieben

ent-zwei.

zweifel

ihr name ist legion
heerscharen
von dämonen

nicht lautlos
wispern sie
zwielichtiges

nach täuschung
sehnen sie
die zweifel

täuschen selbst
enttäuschung vor
in allen irrungen.

entzweifel

das wort
das bezweifelt wird
ist nicht das wort
welches das herz
zu erreichen vermag.

tränen zeigen den weg

klirrende kälte
kann tränen festfrieren

wohlige wärme
kann tränen trosttrocknen

lass die kälte zu
wenn sie hagel herausschüttelt

lass die wärme zu
wenn sie das eis auftaut

tränen zeigen den weg
zur unterscheidung der geister.

wermut, salz und gegenwart

mit den zehen
in wermut tauchen

lässt von den wurzeln her
die vergangenheit trinken

mit den haaren
ins salzmeer tauchen

lässt vom kopf her
nach zukunft dürsten

mit allen sinnen
sich klarem wasser hinneigen

lässt die quelle erfahren
frisch und lebendig

von gegenwart
zu gegenwart.

schwarzes loch

ein ganzes leben die angst
vor dem schwarzen loch

und dann mit diesem loch
diesem einzigen schwarz

lebendig sein
ich weiß nicht, wie

es passieren konnte
dieses leben ohne angst

in frieden mit allem sein
allem schwarzeslochsein.

auschwitz

der stacheldraht
ist der stacheldraht
in unseren köpfen

da ist kein ich
das in die schornsteine
eingehen kann

wenn ein gedanke
frei wie ein schmetterling
sich erhebt

in die weite des himmels
zwischen stacheldraht
und stacheldraht

frei zu atmen
frei zu sterben
frei zu leben.

bücherverbrennung

ich sehe die bücher brennen
es verbrennen die worte
der liebe, des lebens, des lichts

ich sehe die bücher brennen
und die liebe und das leben
verbrennen nicht.

wissen wollen

wissen wollen
was hinter den tagen
nicht wissen wir können

ahnen wollen
was hinter den jahren
nicht ahnen wir können

leben wollen
was hinter allen zeiten
nicht sterben wir können

und im nicht sterben wollen
nicht sterben können
und auch nicht leben.

krieg und frieden

krieg ist
morgens bis abends
essen zu suchen

in angst
vor ungestilltem
hunger

selbst wenn
der magen gefüllt ist
und der kühlschrank

frieden ist
täglich zu mittag
sein brot zu essen

und vetrauen
am morgen, am abend
dem mittagsbrot

dem nächsten
das jeden tag neu
da ist im frieden.

der baum

der baum, vor dem ich stehe
schenkt mir die früchte längst reif
und ich sorge mich
nicht schnell genug
sie aufzulesen

und in der sorge um die früchte
koste ich nicht ihre reife
sorge mich
vor meinem baum
um die reife meiner zeit

sammle zaghaft auf vom boden
die gefallenen
überreifen früchte
überreif war meine zeit
und ich sorge mich noch immer.

auf der brücke meines schiffes stehend

auf der brücke meines schiffes stehend
kann ich nicht sagen
ob ich den horizont lieber mag
oder den hafen hinter mir

erneut auf der brücke stehend
weiß ich nicht mehr, was ich lieber mag:
den hafen vor mir
oder den horizont in meinem rücken

jahrein, jahraus vermag ich nicht
meinen weg zu entscheiden
steuere tagein, tagaus
wohin meine fahrt mich grad führt.

ein wort nur

wo bleibt ein ort
das wort zu hören?

den tempel im herzen
flutet der lärm

der motorsägen, motorsensen
motorlaubsauger

traktoren, flugzeuge
autobahnen

sie alle zerstottern
den klang des einen.

es gibt keine zeit

es gab eine zeit
in welcher der mittag noch ein mittag war
und die menschen ruhten von der arbeit
und achteten die ruhe einander

es gab eine zeit
in der die hände das tagwerk vollbrachten
den wein in den bergen pflegten
und die körperkraft das maß bestimmte

es gab eine zeit
da der mensch im einklang mit der natur
sich die zeit nahm, den regen abzuwarten
und mit der sonne das heu zu ernten

es gibt keine zeit mehr
mit dem gleichmaß der natur zu leben
ihrer weisheit und weisung zu lauschen
und die lebenszeit zu achten

es ist nicht einmal mehr zeit
sich zeit zu lassen.

weise suchte ich

weise suchte ich
lebende, die zeigen
die welt in ihrer allumfassten macht

schamanen, lebensgötter
naturen aus natur und traum
aus lebender lebendigkeit

weise der magie, der weißen, ewgen

finde töne, obertöne
lebensweisen, energie
finde träume, starke ströme, finde, suche

finde nie – einen lehrer dieser weisen
suche ehrend einen, mir verwandt
suche, mag er magier heißen

weiser der magie der weißen, ewgen

held und könig
gott und unverstand
ich will ihm schüler sein

solang' er lehrt
in weißem licht zu leben
sonst niemals nichts

nur die weise der magie, der weißen

seh doch nur, dass ich allein gestellt
die wahrheit einzig finden kann
wenn gott mich leitet

denn keines menschen willen oder weg
wird führen mich, führen können
wo gott, mein gott mich führet hin

zur weise der magie, der weißen, ewgen

ach, wer doch einer unter den gelehrten
der mich führt nach höh'rem streben
nach erkenntnis, lebenssinn

durch dürre und durch wüsten-
gluten voller klarheitssterne
in der nacht und silbermond

aus weiserer magie der weißen, ewgen

doch niemals nicht aus toten fluten
niemals nicht in finsternis
die illusion, die illusion.

seelengefäß

hände, haltet mich
nicht fest
haltet sacht mich

füße, tretet nicht
allzu fest auf
tretet sanft mir entgegen

augen, sucht mich
nicht außerhalb
sucht innen mich

sonst zerbricht das gefäß
aus geheimnis
das die seele bewohnt

und ihr findet mich nicht
wenn ich längst
zerbrochen bin.

weil ich geboren bin

weil ich geboren bin, muss ich leben
muss ich lieben, versagen
und auferstehen

weil ich geboren bin, muss ich weinen
muss ich schreien, atmen
und auferstehen

weil ich geboren bin, muss ich lachen
muss ich tanzen, leiden
und auferstehen

weil ich geboren bin, muss ich sterben
muss ich trauern, hoffen
und auferstehen

weil ich geboren bin, kann ich wählen
kann ich freien, befreien
durch auferstehen.

weinen sagt der wein

weinen beruhigt den verstand
sagt der wein

nicht zusammenbeißen die zähne
sagt der wein

nicht leugnen die tränen
sagt der wein

kein morgen, kein müssen
kein denken, kein sorgen, kein sein

dann sagt er nichts mehr
der wein

und tränen sind tränen
geweint in frieden.

lebensenergie

mich wütend machen
für mich

mich wütend machen
für dich

mir die ehre geben
und dir

dass meine wut endlich
grenzen sprengen darf

als geliebte
lebensenergie.

niemals mir mein gast

wer weckt die alten hunde auf
und scheucht mich aus der ruh' der nacht
wer zündet an den tag
mit hellrot feuerflammen?

wer wagt es mich zu stören hier
wer ruiniert mein schneckenhaus
wer wagt es mir erneut
den speer ins fleisch zu rammen?

wann hab ich jemals ruh' vor dir
du heuchlerische lügenpein
wann bin ich je befreit
von deiner willkür fängen?

wann löst der alte knoten sich
der krampf in meiner magenwand
wann hört die ohnmacht auf
mit ihren schreckensklängen?

wenn ich nicht einmal fliehen darf
wo ist mein haus, mein herd, mein platz
ist hier kein flecken grund
der mir kann heimat heißen?

ist mir kein morgenrot vergönnt
kein friedvoll trautes heim
bin irrend ich verdammt
die brust mir zu zerreißen?

vergeblich suche ich
die ausgewogne rast
versuch bei mir zu haus zu sein
und bin doch niemals mir mein gast.

trilogie

    leder auf der haut, das in striemen
    sie mir blutig schlägt, in magen und bauch
    deine füße, die treten und treten
    obwohl ich längst schon bewusstlos bin
    ohnmächtig zucken die nerven
    schmecke erbrochenes, am boden
    schmecke ich nichts mehr

es war deine hand, die mein lachen erwürgte
dein gedanke, der mich gefroren erbrach
worte vergewaltigten alles beseelte
es war dein handeln, das mir die liebe erstach
mir die kehle zerschnitt, mich zu tode quälte
es war dein herz das fehlte, als meines sprach
so fliehe ich und flieh für immer

    diese vision und jene und die angst
    und wieder kehre ich in den abgrund
    deiner ohnmächtigkeit, die mich führte
    in schritten, derer ich müde bin
    da ist kein erbrochenes, das aufschreckt
    ich bin die alten fragen gewohnt, zu alt
    doch der weg verlässt den bewegten nicht

so höre ich auf, mich zu bewegen
auch wenn der tritt bleibt, die angst
und ja, auch die frage nach dir.

im verborgenen

so werden die lider
die augen bedecken
wie die wolken die sonne

und strahlendes licht
wird weiter noch leuchten
im verborgenen

werde ich lieben
bis die träume verbrennen
zu asche und staub

im verborgenen
wird die flamme noch
bleiben und wachen

und schweigend
werden die lider
die augen bedecken.

tränenlos

dass ich nicht weinen kann
macht mich todeskrank

ich atme, spüre nicht
dass ich atme

laufe amok, laufe nicht
bin fest gegossen

wurzellos einbetoniert
starr wie stein

vermag nicht von mir
zu schütteln

dass ich nicht lebe
dass ich nicht sterbe.

mantel aus blei

tränen, lasst mich nicht sterben
unterm mantel aus blei
der durch mein fenster tropft

tränen, lasst mich nicht sterben
wo ich nicht atmen kann
unterm mantel aus blei

tränen, wie soll ich sterben
in hals und kehle aus blei
wenn nichts mehr tropft

nur sinkt
und sinkt
und sinkt.

zwischen den welten

zwischen den welten leben
und deine liebe atmen

und ohne deine liebe
nicht mehr atmen wollen

zwischen den welten
trinke ich lange

solang' du den bitteren kelch
mir nicht reichst

lass ihn vorüberziehen
so bitt' ich wie damals ein mensch

der mit größerer liebe bat
zwischen den welten

im garten gehtsemane
war niemand dir nah

so fühle ich mich
zwischen dunklen welten

mit all meiner liebe, tausend
fragen, gedanken, wirren

und dann reichst du mir doch
den kelch, den bitteren

und ich trinke und trinke
ihn doch nicht ganz leer

und zwischen den welten
bleibt meine liebe.

mitternachtsstunden

zwei stunden schon
lehne ich an den blumen des asphalts

und der regen in den steinen
versiegt nicht

zwei stunden warte ich
auf den gesang der mitternachtswolken

und der regen in den steinen
versiegt nicht

zwei stunden ohne
lebensgedanken in den zehen

nur den regen der steine
in den schuhen

wenn die blumen verwehen.

ein mensch sein

bin ich bereit
auszuhalten

wie ein mensch
durch mich zu tode kommt

vergiftet, erfroren
erschlagen wird

bin ich bereit
gift, kälte, härte auszuhalten

die durch mich
lebendig werden

bin ich bereit mich hinzuhalten
allen grausamkeiten

und mitzufühlen
mit den verwundeten

und auszuhalten die vergifteten
erfrorenen, erschlagenen

bin ich bereit
ein mensch zu sein.

der mensch

es schämte sich
der mensch
hatte ein gebet geschrien
vor menschen
schämte er sich
des schreis
des gebets
der menschlichkeit.

totenruhe

die menschen
wünschen den toten:
ruhe in frieden

wünschen die menschen
den lebenden
das auch?

mit dem älterwerden

mit dem älterwerden
nimmt die härte zu

die narbenhaut
erinnert die schläge

die biegsamkeit der jugend
verstarrt

mit dem noch-älter
ist das maß an härte voll

und die zarten knochen
erinnern zerbrechlichkeit

und ohne milde
zerbricht die härte

statt weisheit
wächst bitterkeit

in die wurzeln
und vergiftet den boden

der nachwachsenden.

der schmerz

das gold, die maske, die pflicht
das brechen, zerbrechen, das nicht

der schmerz, das dunkle gewand
der schrei, die asche, der brand

vertont ist die note
verstaubt und entleert
verhofft, verwildert, verbannt
und verwehrt

das gold, der schrei, das gedicht
das alte, das wunde, das nicht

der schmerz, das bild, unerkannt
das alte, zu alte gewand

und stille

singt leise im abendlicht
ein wind, ein atem, ein angesicht
das leise, ganz leise
den stillen nur spricht.

bitterklang

bitteres
in den sumpfdottergelben
blättern

im verlassenen morast
leuchtet die eine farbe
fahl

verwelkt sind
die wolkenfetzen
im wasser

blasen steigen
trübsal hinauf
ins blubb

wo das bittere
verklungen
versinkt der atem schwer

es atmet der dunst
einen blassgelben
vorhang

aus dotter und sumpf.

dohlen und rabenvölker

nebel mit den krähen
und mit den raben der kolk

so landet das grauschwarze
gefieder auf dem unbestellten
acker nahe bei den dohlen
deren schnäbel sanft picken

und nun stechen daneben
die rabenkrähen
messerscharf die schollen
aus erdreich, gefrorenem

wer wagt da dem eisbrecher
sich in den wind zu stellen?
der eisberg vielleicht
und das meer der nebel

so fliegen die gestalten
nicht weiter nach süden
sondern bleiben dem frost
ein scharfes messer

und den sanften dohlen
bewaffnete gesellschaft.

zeitungen

im zugabteil
zeitungen

wärmen
unter der brücke

der schlaf kommt

mit den nachrichten
der frost.

den hingeflossenen

die wintertränen
sind gesammelt

im abendasphalt
blinken sie rot

das feuerholz
ist ausgegangen

erfrorene
bitten nicht um brot

der morgen wartet
nicht den stummen

die sich vergossen
im asphalt

und vergessen weht
der dämm'rung

und weht die schatten
kalt.

zart geht der abend

zart hängt der galgen im baum
zur zeit des kirschblütenfests
wiegt sich im wind die musik
der singenden vögel und grillen

kinder lachen, spielen um die wette
laufen quer durchs nasse gras
die wiese blüht, es riecht nach
leben, am baum schaukelt der galgen

man führt den gehängten, den toten
der nicht wieder auferstand, führt
ihn den hügel hinab in die stadt
er läuft nicht mehr, sie schleifen ihn

ich steh und sehe und begreife nicht
wie der wind noch weiter singt
und kinder lachen, toben und
leise geht der abend.

die eine rose

die eine rose
tau auf ihrem blütenblatt
weint rot

weint

aufrecht, stolz
und niemand
sieht ihren schmerz

weint

die eine rose
und jeder
liebt ihren tau.

lebensund

warme haut
der winterküche

und

kalte füße
mit blick im schnee

helles licht
der kerzenflammen

und

fahles dämmern
in nachbarwänden

herzensschwere
im verwirrten

und

freies weiteratmen
im wissen darum.

weisheit des alters

müdigkeit
und klarheit

unsicherheit
und güte

ohnmacht
und verstehen

langsamkeit
und geduld

zukunftslosigkeit
und gegenwart

zerbrochenes
erhaltenes

erinnerung
bewahrung

wahrheit
und müdigkeit.

unvollkommen

die lebensmüden knochen
um die augen

singen mit dem schläfenbein
den nebenhöhlen

der schädel brummt den bass
von stirn und nacken

und die ohren wirbeln
im trommelfell

die musik klänge in allem
vollkommen

doch die lachfalten bleiben
ohne taktgefühl.

geliebt

nie zuvor geliebt
jetzt wird es zeit
dich zu lieben, angst
die du die meine bist.

wetterfühligkeit

ohne aspirin
und adrenalin

bricht das wetter
in die knochen

ohne drogen
zeigt sich der menschliche körper

als mensch
mit druckgefühlen

die ins bedrückte
hinunterziehen

statt drogen einzuwerfen
und sich aufzuputschen

das leben, wie es ist
zuzulassen

ist fühlig
von wetter zu wetter

ein ganz schönes
tiefdruckgebiet.

nachsicht üben

in den gedankenspitzen
von fingergang zu fingergang
stilles denken
und mildes fühlen
erbitten

mit den atemzellen
körperzug um körperzug
waches atmen
und helles leben
erbitten

auch das herzsausen
ohrenschlag für ohrenschlag
um klares hören
und sanftes neigen
bitten

dass sie ruhen lernen
die gedanken, schläge
von körpersausen zu körpersausen.

im neben

wenn das herz
neben dem ort schlägt
an dem es wohnt

und das gleichgewicht
sich aus dem takt
in tränen ergießt

braucht es ein singen
ein seufzen und fließen
lassen des ungewichten

wenn das herz
neben der spur schlägt
die den weg weist

und der lebensstrom
in wolkenden gedanken
staub wirbelt

braucht es die tränen
die den gedörrten durst
tränken und milden

wenn das herz
galoppiert und rast und schreckt
verstockt und versteinert

und keinen ort der ruhe
weder weg noch weisung
noch leben kennt

braucht es den sanften
mut der liebenden wesen
die dem herzen atmen.

gras und fragen

aus dem fenster lehnen lassen
habe ich dich, dir das gras zu zeigen
das zwischen den füßen
lacht, wenn es geht

gegangen bist du nicht
mit hinaus, unter den himmel
und ins atmende gras des freien
barfußlachens

wozu also fenster bauen
die zu öffnen wären
und zeigen das atmende
lachen?

wenn der himmel nicht ruft
und das gras der freiheit
öffnet sich kein herz
dem leben, das lacht.

tränen fließen lassen

bist du traurig
fragst du

und statt der tränen
kommt das denken

in den fluss.

alter mann der straße

ich hatte den alten mann
in mein herz geschlossen
tief drinnen, wo es warm ist
und geborgenheit strömt

an jenem abend im august
als er dasaß und spielte
die melodie der einsamen
und ich lauschte seinem klang

in mein herz geschlossen
wie ich seit vielen jahren
niemand anderem mehr
dort platz zu nehmen bot

an jenem sommerabend
hatte er mich reich beschenkt
mit seinem herz voll lachen
das mich heute noch erwärmt

als er dasaß und spielte
hatte ich geschworen
ihn zum weihnachtsfest
auf gleiche weise zu erfreuen

tief drinnen, wo es warm ist
sehnte sich das bild des alten
ihm noch einmal zu begegnen

und geborgenheit strömte
aus jeder meiner poren
in den klirrenden schnee
der mich eilen lehrte

die melodie der einsamen
rief aus seiner heimatgasse
schneller zu laufen
über den frostigen asphalt

ich lauschte seinem klang
der in der luft noch lag
klirrend wie er selbst
und wie mein atem

der stockte, zu spät
sah ich den alten mann wieder
in jener kalten nacht
– zu spät kam der dank, die wärme

gefroren
bis unter die letzte haut war er
wenig geweiht dieser
heilig genannte abend

und das leben, das neue
konnte nicht geboren werden
in der kälte meiner brust.

wunden der vergangenheit

schwester, du geliebte
warum läufst du fort von mir

schwester, du geliebte
läufst du wieder fort vor dir

schwester, du geliebte
wovor hast du angst

wunden der vergangenheit
wollen niemals heilen
narben brechen wieder auf
ich will mit dir teilen
die zeit

unsre wangen trauten sich
zärtlich zu berühren
deine hand nahm meine hand
ich will mit dir spüren
das licht

lieder unsres seelenklangs
sehnten gräserrauschen
selbst in felsigem geröll
ich will mit dir lauschen
dem ton

leis geweinte tränen
führten uns zusammen
tageswärme suchten wir
erlebten helle flammen
bei nacht

schwester, du geliebte
trinke mut und starken willen
wage das vertrauen neu
ich will mit dir stillen
den durst

schwester, du geliebte
laufe doch nicht fort von hier

schwester, du geliebte
bleibe dieses mal bei dir

schwester, du geliebte
habe keine angst.

für eine ewigkeit

meine hand auf deine
und hineinlegen die ewigkeit

das leuchten in den augen
dessen leichtigkeit vergessen macht

meine hand in deiner
und in den augen

kinder werden.

auf das geheimnis der seele

für dich singen
und den regen
weicher fallen lassen

den worten liebevoll
die härte nehmen
und die bitterkeit

dein suchen in weisheit tauchen
in die klarheit deines gottes
tief in dir drin

die melodie dich ahnen lassen
die in dir spielt
und nur für dich

dass du ruhen lernst
und hören
auf das geheimnis deiner seele.

in flammen

wäre ich flamme
loderte ich hoch hinauf

wäre ich bergsee
wäre ich der stillste von allen

wäre ich licht
strahlte ich in tausend farben

wäre ich raum
wäre ich endlose weite

wäre ich ein kuss
berührte ich deine hand.

noch koste ich dein wort

noch koste ich dein wort auf meiner zunge
noch schlafe ich mit einem auge wach
noch liegt der rauch mir auf der lunge
von einer zigarettennacht

noch atme ich den klang von deiner stimme
noch schmecke ich den duft von rotem wein
noch lebe ich in deinem sinne
und lebe ganz in deinem sein

noch sehe ich das licht in unsren kerzen
noch strahlen sie in deinem antlitz fort
noch leuchtet es in meinem herzen
und zaubert mir ein lächeln dort

so nehme ich dein wort mit in die ferne
das mich umwebt und singt und lacht
du weißt es ja: ich lache doch so gerne
denn mit dem lachen wächst die kraft.

dein flammendes meer

dein flammendes meer
trägt meine füße weit hinaus

dein morgenrot am horizont
am abend dein warmes licht

am tag, wenn die sonne höher steht
zeigst du dein strahlend angesicht

gewittersturm und wolkenband
und regen, der ans fenster fällt

bist du, laternenschein der nacht
das leise glitzern dieser welt

dein flammendes meer
trägt meine füße weit hinaus.

du

löschzündest mein herz
in tränenflammen
felsschmelzt meinen leib
und glutblasst meinen geist

lärmfriedlich schlafwache ich ...

einen laternentag
scheinfinstert
die nachtsonne mir
aus neumondlicht

... in deiner hitzeskühle.

wenn du den tag beginnst

wenn du den tag beginnst
wird die sonne nur für dich aufgehen
bei regen und wolken
ist sie für dich da

sehen kannst du sie nicht
doch sie wartet auf dich
dass sie gast sein darf
ganz allein bei dir

wenn du den tag beginnst
wird die sonne in dir scheinen
wenn du sie einlädtst in dein herz
ist sie für dich da

sehen kannst du sie nicht
doch sie wartet auf dich
möchte gast sein bei dir
mit all ihren strahlen.

ein same

dass dein herz
dir same sei
– zart und verletzlich

und die erde
grund zu wurzeln

und der himmel
erinnerung zu wachsen

dass dein herz
himmel werde
und der erde ein grund.

fliege

ich habe den flügeln des morgens
lebensmut und lebensleichtigkeit
in jede federspitze sanft gehaucht

ich gab den flügeln für den abend
die wärme meines herzens mit
dass du aufsteigst in den bergen

ich gab den flügeln für die nächte
träume gegen einsamkeit und kälte
und morgenlicht als hoffnungsschimmer

ich gab dir flügel nun des morgens
flügel für den abend, für die nacht
fliegen musst du selbst

mach dich auf und fliege

ich habe die flügel des tages
für dich in morgenrot getaucht
dass sie dich tragen in den sommer.

flügel ausbreiten für dich

flügel ausbreiten für dich
wenn du weit in der ferne
suchst, was uns nicht trennen kann

dich nicht einfangen
doch leis berühren
mit der sanftmut meiner schwingen

meine federn glätten für dich
gesalbt mit dem öl meiner seele
dass sie dir warm sind und zärtlichkeit

dich umfangen ganz sacht
schutz bieten
auch in der ferne, wo du mich suchst.

in der nacht

dass dir manchmal
in der nacht
ein zweiter flügel wächst
der uns menschen fehlt

dass du plötzlich den sternen
ganz nah bist
mit ihnen leuchtest
und ein stück weit wanderst

dass du wieder
sanft vom himmel fällst
und irgendwo
sich eines menschen wunsch erfüllt

dass du träumend
die klarheit siehst
die den weisen
weise werden lässt

und vielleicht
ein anderer
gerade für dich
sanft vom himmel fällt.

ein farbiges zuhause

ich werde das dach rot malen
weil es ein rotes dach ist
und die linien zwischen den ziegeln
mit schwarzen strichen zeichnen
denn die schatten, die sie werfen
sind für die betrachter schwarz

die bäume werden grünes laub tragen
denn ihre blätter sind grün
und die linien zwischen ihnen
werden schwarze striche zeichnen
denn die schatten, die sie werfen
sind für die betrachter schwarz

und wenn ich dich im fenster sehe
werde ich dein gesicht
in warme farben tauchen
und die schatten, die du nicht wirfst
werden für die betrachter
leuchten müssen.

in allem die liebe

im staunen, im strömen
im wärmen, im weiten

im zutrauen, zärtlichen
im lächeln, lichten

im hellen hüten
im schauen schenken

himmeln hingeben
erden ehren.

raum geben

mit dir finden
das weite
warum
warum nicht
fragen

schweigen
im herzen
verbunden
einander
weiten

raum uns geben.

ein grund

dass du inne hältst
wenn du gehst
und dich bewegst
wenn du stehen bleibst

dass die antwort
dir frage sei
und die suche
ein weg

dass die steine
deinen füßen
grund sind
wenn du inne hältst.

ein licht

dass du licht
dich sein lässt
dich licht sein lässt
wie du bist

dass du licht
in händen trägst
das wunder
das du bist

dass du leuchten lässt
dein antlitz
und dein herz
und dein leben.

licht im herzen

mit diesem einen
licht im herzen
erstrahlt die ganze welt

stürme halten inne
das treiben, das hasten
– es wartet. es staunt

und lebensfunken
erhellen der dunkelheit
ein lächeln

still ist die nacht
wenn die sterne danken
der herberge auf erden.

mehrstimmig

ein freund

nicht jeder muss
einen freund dich nennen
nicht jeder lächelt dir zu
es reicht, wenn drei
dich beim namen kennen
und wissen: kostbar bist du

wenn einer dir tränen entlockt
und einer sie zählt
ein andrer sie teilt
und einer dich hält

wenn einer dein lachen befreit
und einer vermisst
ein andrer ersehnt
und keiner vergisst

wenn einer die flügel erkennt
und einer berührt
ein andrer sie streicht
und einer dich führt

wenn einer dein licht dir entfacht
und einer beschützt
ein andrer es trägt
und einem es nützt

wenn einer dir liebe verschenkt
und einer sie wagt
ein andrer dran glaubt
und einer dir sagt:

nicht jeder muss
einen freund dich nennen
nicht jeder lächelt dir zu
es reicht, wenn drei
dich beim namen kennen
und wissen: kostbar bist du.